PUBLICATION DE LA SOCIÉTÉ DE SAINT-JEAN

C.-F. GAILLARD

PAR

HENRI DE LA TOUR

PARIS
LIBRAIRIE DE F.-J. FÉCHOZ
5, RUE DES SAINTS-PÈRES, 5
1888

C.-F. GAILLARD

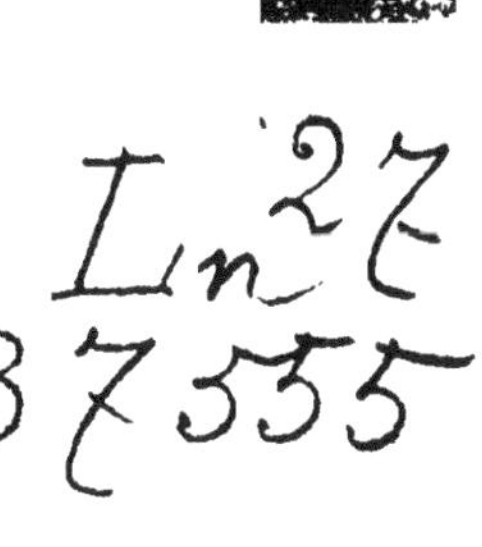

Ce travail, lu le 28 avril 1887, à une séance de la Réunion artistique de la rue de Sèvres, a été communiqué la même année à l'Assemblée des catholiques.

Héliog Dujardin — Eudes Imp

LA VIERGE AU LIS
Collection de M Guéroult

PUBLICATION DE LA SOCIÉTÉ DE SAINT-JEAN

C.-F. GAILLARD

PAR

HENRI DE LA TOUR

PARIS

LIBRAIRIE DE F.-J. FÉCHOZ

5, RUE DES SAINTS-PÈRES, 5

1888

C.-F. GAILLARD

La vie et l'œuvre de C.-F. Gaillard méritent une étude approfondie. Nous espérions qu'elle serait entreprise ; mais jusqu'ici nous l'avons vainement attendue. C'est pour cela que nous nous décidons à publier aujourd'hui ces quelques notes, dictées uniquement par le désir de le faire mieux connaître et admirer davantage.

Aucun travail d'ensemble n'a encore été tenté. Les uns ont étudié particulièrement les œuvres de l'artiste, les autres se sont attachés surtout aux vertus du chrétien, alors que chez Gaillard l'artiste et le chrétien sont absolument inséparables. Tous pourtant, croyants et incroyants, ont rendu témoignage à sa foi inébranlable et à ses convictions. Ce sont elles, en effet, qui l'ont dirigé, soutenu, et lui ont permis de s'élever peu à peu jusqu'aux sommets; plutôt que de les laisser s'amoindrir en lui, Gaillard eût bien volontiers sacrifié toutes ses œuvres et sa gloire. « Quel malheur pour l'art et quel chagrin pour vous, lui disait-on un jour, si votre atelier venait à être brûlé ! — Cela me serait égal, répondait-il le plus simplement du monde, puisque ce serait la volonté de Dieu. » Il avait une foi des temps antiques, qui étonnait les incrédules et ravissait ses amis.

Artiste, Gaillard est une de nos gloires nationales ; catholique, il a toujours combattu le bon combat et laisse un beau modèle à imiter !

La mort de Gaillard a été un coup terrible pour notre école de gravure, qui est actuellement et sans conteste la première du monde. Non, la gravure ne pouvait faire de nos jours une perte plus sensible. Car enfin, parmi nos graveurs, quel est celui qui possède la fermeté de dessin et l'ampleur de style d'un Gérard Audran, qui ait autant de souplesse, de brillant et de force qu'Edelinck, dont les portraits soient à la hauteur de ceux d'un Célestin Nanteuil ou d'un Morin ? Est-il quelqu'un de nos maîtres qui soit l'égal des Drevet ou qui ait autant d'esprit que cette pléiade de charmeurs du dix-huitième siècle, que l'on a appelés, un peu dédaigneusement peut-être, les « poetæ minores » de la gravure ? — Pour ce qui est des portraits de Gaillard, au contraire, on peut les placer sans crainte à côté des œuvres des plus illustres graveurs ; ils ne faiblissent pas dans ce voisinage, car ils tendent souvent à un but plus élevé, et s'efforcent de l'atteindre par des procédés différents.

Y a-t-il, je le demande, un graveur qui ait allumé plus d'étincelles dans les yeux de ses personnages et mieux compris leur âme? Car c'est à l'âme qu'il visait, et on peut dire que nul n'a mieux su la faire apparaître vivante et palpable, pour ainsi parler, dans les yeux et dans la physionomie. — Une dame s'étonnait un jour qu'il pût peindre avec plaisir le portrait de sa tante, qui n'était point belle, hélas! Et Gaillard de répondre aussitôt : « Ses traits n'étaient pas beaux, peut-être; mais elle avait une si belle âme ! » Oui, Gaillard fut le peintre de l'âme, de la lumière, de la vie. Il fut peintre et plus encore, peut-être, sur le cuivre que sur la toile; car personne n'a, autant que lui, fait entrer dans une gravure de lumière et de chaleur.

Quant à ses copies, on pourra dire sans hésiter qu'il n'y a pas d'artiste, jusqu'à nos jours, qui se soit efforcé de rendre plus fidèlement et qui ait plus fidèlement rendu la manière et le style des grands maîtres de toutes les époques.

Et qu'on ne s'imagine pas que la douloureuse surprise causée par sa mort et je ne sais quel chauvinisme ridicule nous aveuglent et nous fassent attribuer à ce cher mort une place à laquelle il n'a pas droit. Qu'on écoute plutôt ce que disait de lui et de notre grande école française la *Gazette de Cologne* du 27 décembre 1883. La traduction est empruntée à un journal peu clérical, *le Temps :*

Les Français qui, à la vérité, savent moins de grec et de latin que les Allemands (?), mais qui donnent plus d'attention au côté pratique de la vie, ont eu assez d'esprit pour renoncer à la virtuosité technique et pour éviter les dangers dont la science de la ligne menace la gravure sur cuivre. A leur tête est Claude Gaillard, qu'on distingue facilement dans cette exposition, comme le lion à sa griffe. Il est l'élève du vieux Léon Cogniet, sous lequel il n'a pas seulement gagné le prix de Rome, mais il a aussi appris à devenir maître de la forme, comme il convient doublement à l'artiste, qui poursuit le vrai réalisme par la liberté des procédés. Avec quelle infatigable persévérance cet homme n'a-t-il pas étudié, et non seulement étudié, mais tâtonné et essayé, afin d'arriver à rendre parfaitement le dessin, la couleur et l'esprit des œuvres qu'il reproduisait! On le voit, pour arriver à saisir le mystère d'un rendu, dessiner un œil ou une oreille trois ou quatre fois, à la sépia ou à l'aquarelle. Il n'est rien de plus intéressant que de suivre pas à pas cette conscience impuissante à se satisfaire qui se montre dans les esquisses et les études dont l'artiste a couvert tout un mur de l'exposition. Il y a par exemple neuf états différents du portrait d'un dignitaire ecclésiastique, et dans cette série progressive, on voit comment il a réfléchi à tous les procédés et essayé leur application, souvent même pour revenir à la fin à ceux qu'il avait d'abord employés. Voici une première feuille sur laquelle la physionomie est nettement, fermement esquissée, tandis que la seconde indique déjà les demi-teintes. Mais le ton de la chair n'a pas encore la chaleur et la souplesse qui doivent la distinguer du marbre, et il faut voir par quels procédés Gaillard obtient les dessous qu'il cherche.

On peut se figurer l'indignation que ces attentats contre les règles et le rythme doivent inspirer au classique allemand, qui continue à vénérer *la Sainte Famille* d'Edelinck comme le dernier mot du vrai et du beau. L'absence du travail personnel intime des graveurs allemands se trahit par le peu de goût qu'ils ont, à l'encontre de leurs confrères de France, pour le portrait. Il se trouve justement qu'il y a, à l'Exposition de Dusseldorf, un certain nombre de portraits gravés à l'eau-forte par M. Raab, de Munich. Qu'on y jette un coup d'œil, et qu'on compare ensuite ces portraits avec les ouvrages de Gaillard et de Waltner. A part l'infériorité du dessin chez Raab, et une absence des profondes études anatomiques, qui donne à ses huit portraits une fâcheuse uniformité d'expression, l'envie de briller par la technique contribue à enlever aux têtes toute personnalité et toute vie. Ces mains ne sont pas des mains d'homme, mais un je ne sais quoi avec cinq appendices autour desquels s'enroulent un fil d'archal. Il en est tout autrement des chefs-d'œuvre français ; là est la vie, le sang coule sous la peau, là le tempérament du modèle est exprimé par la main avec autant de vérité que pourrait le faire le peintre lui-même. Les étoffes de toutes espèces sont rendues avec une égale virtuosité par le burin. Mais là encore que d'études chez les Français, avec quel soin Gaillard pèse l'emploi et l'efficacité des procédés pour reproduire telle ou telle étoffe !

Le critique allemand poursuit l'analyse des procédés de Gaillard, et constate le succès avec lequel cet artiste a reproduit *les Pèlerins d'Emmaüs*, de Rembrandt :

Et c'est ce même Gaillard, s'écrie-t-il, celui dont la manière, lorsqu'il s'agit de Rembrandt, semble se fondre en brillante souplesse, qui a rendu l'*Homme à l'œillet* de Van Eyck, avec toute sa roideur ; comme s'il eût été lui-même un contemporain du vieux maître allemand, comme s'il dessinait sur la toile avec la même sécheresse de pinceau ces personnages à la fois si gauches et d'une si profonde expression. Il est vrai qu'une copie que Gaillard a faite en vue de sa gravure montre à quel point le graveur est entré dans la manière du peintre.

Cette pénétration du style des maîtres, qui se remarque dans tous les ouvrages de Gaillard, qu'il s'agisse de reproduire l'*OEdipe* d'Ingres, ou un Michel-Ange, un Bellini, un Botticelli, caractérise la plupart des autres graveurs français.

Il y a plaisir, n'est-il pas vrai, à entendre parler de la sorte un journal qui n'a pas pour habitude, on le sait, d'exalter les littérateurs et les artistes de France.

Le *Temps* poursuit sa citation, et ajoute que l'article de la *Gazette de Cologne* mériterait d'être traduit tout entier, ce qui est aussi notre avis, et voici la conclusion du journal français : « Nous n'avons voulu en tirer (de la *Gazette de Cologne*) que les passages les plus propres à attirer l'attention sur une branche singulièrement intéressante de l'art français, et, en particulier, sur ce grand artiste, Claude Gaillard, que sa modestie, et peut-être aussi la conscience même et la distinction de ses travaux ont privé, chez nous, de la réputation qu'il est en train de se faire à l'étranger. »

I

Gaillard naquit à Paris le 5 janvier 1834, rue Zacharie, tout près du quai Saint-Michel, et fut baptisé à l'église Saint-Séverin. Il appartenait, par la famille de son père, à cette race franc-comtoise, fine, sensée, remplie de patriotisme. Sa mère était de Paris. Sorti d'un milieu foncièrement honnête, mais très modeste, il ne dut qu'à lui seul sa formation. Sa nature énergique, pleine d'initiative et de vraie modestie, de délicatesse et de force sut toujours s'élever. Son éducation se fit d'une façon sommaire à l'école d'un maître incroyant. A cinq ans il dessinait, et encore tout enfant assistait à la classe élémentaire de dessin des bons Frères du Gros-Caillou; c'est là qu'il allait passer ses soirées en compagnie de son ami Chapu. Bientôt il put suivre les cours gratuits de dessin de la rue de l'École-de-Médecine; il y remporta rapidement des succès. A sa première médaille, son père lui dit, sans s'étonner : « Celle-ci n'est qu'en bronze; eh bien! l'année prochaine, tu en auras une en argent ». Et ce fut tout l'encouragement ! Il m'a été possible d'entrevoir quelques dessins qui paraissent dater de cette époque; mais je dois avouer que, malgré la précocité des débuts, rien ne semblait encore présager un maître.

A dix-huit ans, en 1852, il obtient le deuxième grand prix de Rome; peut-être eût-on pu déjà lui accorder le premier, mais il parut sans doute bien jeune. C'est vers cette époque qu'il fut présenté à David d'Angers, qui le prit en affection, l'aida de ses conseils, et auquel, en retour, il voua sa reconnaissance et son admiration. En 1853, il entre à l'atelier de Léon Cogniet et, en 1856, remporte sans efforts le premier grand prix. Le morceau qui lui valut cette distinction, traité suivant les formules de l'École et les procédés du dix-huitième siècle, nous paraît déjà plus qu'un exercice d'élève: par la fermeté et la beauté du dessin, la délicatesse du modelé, le rendu du type, il faisait pressentir quelques-unes de ses qualités futures.

Voici Gaillard parti pour l'Italie, où il va passer cinq ans. Il la parcourra en tous sens, pour étudier chaque école dans la contrée qui fut son centre; c'est pour cela qu'il ira à Venise, à Milan, à Florence. Raphaël, Léonard et les primitifs le

GAILLARD À DIX-HUIT ANS
Portrait dessiné par lui-même.

charment tout particulièrement, et c'est vers eux qu'il reviendra toujours avec le plus de plaisir. Il terminera par Naples une série de longs voyages, et rapportera de ce dernier séjour une quantité de croquis, de calques, d'aquarelles, où, à la plus rigoureuse exactitude, s'allie la plus fine compréhension de l'art antique. Nous sommes heureux d'apprendre à nos lecteurs que ces trésors d'une valeur inappréciable (beaucoup d'originaux ayant déjà péri, les autres se dégradant tous les jours) iront enrichir notre École des Beaux-Arts.

Avant de rentrer en France et malgré des ressources très précaires (une bourse bien remplie lui sembla toujours un fardeau insupportable), il partit pour Constantinople et visita la Grèce, dont il tenait à contempler sous leur beau ciel les inimitables chefs-d'œuvre.

C'est vers la fin de son séjour à Rome, c'est-à-dire vers l'âge de vingt-neuf ans, qu'a été placé ce que l'on a bien voulu appeler sa conversion. Quoi qu'on ait dit, il n'eut pas à voir l'éclair et à entendre le tonnerre du chemin de Damas; car, s'il avait vécu jusque-là dans l'indifférence, il est vrai de dire qu'il n'avait jamais été ni un incroyant, ni un libertin. Un ami, dont j'ignore le nom, lui fit entendre qu'après avoir étudié et admiré les maîtres de l'art, il avait aussi à s'instruire des grands principes de la religion, à y conformer sa conduite. Gaillard fut ému par cet avis charitable et se le rappela plus tard ; il étudia, entrevit peu à peu la vérité, en prit énergiquement possession et revint enfin à la foi de son enfance. Dès lors il ne cessa de monter dans la voie de la perfection, poursuivi toujours du désir insatiable de faire partager à tous le trésor qu'il avait reconquis.

Parmi ses envois de Rome, nous remarquons une belle copie au crayon noir de la Vénus du Titien du musée des *Uffizi*. Il en jeta à ce moment même les lignes sommaires sur une planche de cuivre, qu'il abandonna ensuite, cédant à quelque scrupule que l'on trouvera peut-être suffisamment fondé.

Il faut aussi remarquer une magnifique étude à la sanguine d'un fragment de ce chef-d'œuvre unique, la *Dispute du Saint-Sacrement*. Mais ce qui doit fixer plus particulièrement notre attention, c'est son portrait de Jean Bellin exécuté au milieu de l'atmosphère si poétique et si religieuse de Sienne. Croirait-on que ce portrait présenté au jury du Salon fut refusé ? — Oui, le portrait de Jean Bellin fut refusé. Ce morceau blond, délicat, nuageux et pourtant si ferme et si fort, était chose toute nouvelle; ce fut considéré comme l'œuvre d'un dangereux novateur qu'il fallait punir : on le lui fit bien voir !

Cette histoire n'a rien qui puisse nous étonner ; c'est celle de Lesueur trouvant à peine à vivre pendant que Le Brun pontifie et rend des oracles ; c'est Prud'hon mourant à peu près de faim, alors que David et ses élèves gardent jalousement les avenues de toutes les expositions ; c'est l'histoire enfin de Rousseau, de Millet et de bien d'autres, qui refusent d'admettre comme dogmes certaines formules momentanément à la mode.

Gaillard fut un vrai novateur, qui sut donner à la plupart de ses œuvres l'empreinte d'une forte et puissante originalité. Fut-il un révolutionnaire ? Non ; il n'était pas, en effet, de ceux qui crient aux jeunes, avec des airs de prophètes : Écoutez les voix intérieures, livrez-vous à l'essor de votre inspiration ; voyez uniquement la nature, et méprisez tout le reste ! Il n'était point de ceux qui demandent une mort immédiate et sans phrase pour notre pauvre École de Rome, vraiment trop calomniée ! Il avait su trop bien profiter de son séjour à la villa Médicis, et il ne croyait certes point que l'étude de ce que j'appellerai volontiers la grammaire et l'orthographe, jointe à un commerce assidu des grands artistes de tous les temps, pût rogner les ailes du génie et en arrêter l'essor.

Il étudiait les grands maîtres avec amour, et les admirait tous sans parti pris. Si le génie des Grecs l'enthousiasmait, cette admiration se confondait aisément avec celle qu'il avait vouée de bonne heure aux primitifs, aux Italiens et aux Flamands ; à Botticelli, à Léonard et à Raphaël, comme à Van Eyck et à Rembrandt. Il admirait aussi, comme il convient, Albert Dürer et les Allemands, sans qu'il y eût chez lui jamais rien d'exclusif. Pour s'en convaincre, on n'avait qu'à l'accompagner dans les salles du Louvre, qui était devenu en quelque sorte sa maison et où tout le monde le connaissait et l'aimait. S'il allait bien volontiers vers un Fra Angelico, de même, si quelque jolie page de Watteau se présentait, il ne manquait pas de la signaler. Il découvrait du grec dans ce Watteau si maltraité par nos histoires de collège. Ainsi, il aimait à faire remarquer que telle ou telle figure de ce peintre aimable n'est pas sans analogie avec telle jolie statuette antique ; et il trouvait que le grand artiste semblait avoir deviné parfois et comme entrevu, un siècle à l'avance, les charmantes figures de Tanagra. En art, comme en religion, il n'aimait point les petites chapelles

les petites dévotions ; et c'est ce qui explique l'incroyable diversité de ses gravures, de ses dessins, de ses copies. Vous voyez figurer dans son œuvre la Grèce et Pompéi, Thorvaldsen, ce grec mignard et affadi, Fra Angelico, Signorelli, Antonello de Messine, Botticelli, Donatello, Jean Bellin, le Pérugin, Raphaël, Léonard, le Titien, Michel-Ange, Van Eyck, Rembrandt, Rubens, Van Dyck, Murillo et, dans notre siècle, Ingres à peu près seul. Et pourtant, nombre d'artistes eussent été fiers d'être gravés par lui ; mais il ne cédait pas à leurs instances. Un peintre, entre autres, briguait cet honneur depuis longtemps, je veux parler de Paul Baudry. Déjà, à plusieurs reprises, Gaillard, pour ne pas blesser un confrère, avait répondu d'une façon évasive. Néanmoins Baudry, devenant de plus en plus pressant, lui dit un jour : « Mais enfin pourquoi ne voudrais-tu pas, pour un bon prix, graver une de mes compositions ? (Il s'agissait, croyons-nous, du diplôme de l'exposition de 1878.) — Voyons, mon ami, lui répondit Gaillard à mi-voix, quand tu voudras bien me dessiner une rotule, je te graverai. Adresse-toi plutôt à un photograveur. »

II

Rentré à Paris, Gaillard paraît un instant abandonner la gravure, car c'est à cette époque, croyons-nous, qu'il concourt pour le grand prix de peinture; il entre en loge, mais il échoue. Son choix est dès lors fixé, et il s'enferme dans l'obscurité d'une vie toute de labeur et de prière. De 1863 à 1872, on parlera peu de lui; cependant, sa foi s'élève et son talent grandit.

Nous avons dit l'échec du portrait de Jean Bellin au Salon de 1862, juste punition infligée à son auteur! L'année suivante, Gaillard, rendu docile et sage, envoya un portrait d'Horace Vernet gravé d'après un dessin de Paul Delaroche. La traduction est, ce semble, très fidèle; le modèle est sincèrement étudié; la joue, l'enchâssement de l'œil, sont grassement traités; le pointillé de la figure est fait avec toute la régularité voulue; les hachures surtout sont bien soigneusement menées, elles viennent gentiment modeler le buste, puis se terminer toutes sur une même ligne. Les juges, on le pense, furent satisfaits, et le portrait admis. Je jurerais même que M. Joseph Prudhomme fut satisfait de voir les vrais principes respectés, et qu'il signala l'œuvre à sa fille, une artiste elle aussi, qui avait déjà copié trois fois les *Enfants d'Édouard*, du susdit Paul Delaroche. Sans doute ce portrait est beau; le président du jury pouvait le contresigner, mais ce n'est point du Gaillard. *La Vierge au linge* fut exécutée l'année suivante sous la même influence néfaste, et fut admise, naturellement! Ce n'est pas encore là du Gaillard.

Mais en 1865, dans le numéro de janvier de la *Gazette des Beaux-Arts*, parurent en même temps le *Condottiere* d'Antonello de Messine et la *Vierge au donateur* de Jean Bellin. Notre artiste s'était retrouvé ! Il commence à donner sa mesure, et sa personnalité s'affirmera désormais de plus en plus. Tous les amateurs connaissent cette œuvre d'Antonello de Messine, dont Gaillard a pu, à l'aide du burin seul, réaliser le type pénétrant, avec la chaleur de son teint et l'acuité de son regard. Le cuivre, malheureusement, était trop mou et ne put fournir qu'un très petit nombre de bonnes épreuves. Si l'on veut bien sentir toute la valeur de cette œuvre, qu'on la compare avec ce qu'a produit, il y a peu de temps, un graveur qui lui aussi fut, si je ne me trompe, grand prix de Rome. Cet artiste a eu le courage de laisser imprimer sa gravure, de la laisser exposer, et il semble se connaître si peu, que le lendemain de la mort de Gaillard, il aurait même demandé... — *risum teneatis!* — à terminer la planche inachevée de la Joconde!

Passons, et, avant de fermer le numéro de la *Gazette*, jetons un regard sur la *Vierge au donateur*, œuvre pleine de légèreté et de souplesse, contraste frappant avec le *Condottiere*.

Désormais l'artiste ne produira plus que des œuvres de premier ordre. Coup sur coup, il grave pour la *Gazette*, le *Gattamelata* de Donatello, la *Vierge* de Jean Bellin, l'*Œdipe* d'Ingres, l'*Homme à l'œillet*, la *Vierge de la maison d'Orléans*. En même temps, il envoie à l'Exposition de 1867 le portrait peint de l'*Homme à la casquette;* la chalcographie du Louvre lui commande la grande planche de la *Vierge de Botticelli*, et il travaille à une énorme composition, une descente de croix, pour laquelle il entasse les études.

III

Le *Gattamelata* est une œuvre exceptionnelle en son genre, d'une splendide vigueur obtenue par des tailles d'une finesse inouïe. Les états en sont extrêmement curieux, en ce qu'ils nous montrent le travail marchant tout d'un trait, sans un repentir, sans une hésitation, et avec une merveilleuse fermeté, vers son complet achèvement.

Gaillard s'était laissé séduire par les touchantes madones de Jean Bellin, aux grands yeux si naïfs, si purs. Voici la donnée du tableau qu'il grave en 1866 : La Vierge, vue à mi-corps, entoure de ses deux bras et presse sur son sein l'Enfant-Jésus. Celui-ci, les yeux au ciel, chante quelque ineffable mystère d'en haut, et ce chant divin si pénétrant fait abandonner à sa sainte Mère la lecture commencée. Le sentiment général est doux et triste, et l'on sent bien que ce n'est pas l'*alleluia* du triomphe ! Tel est le sujet charmant que choisit Gaillard et dont il essaya de rendre toute la poésie, la pureté, et cela, avec une étonnante sobriété de moyens.

Que dire de l'*Œdipe*, dont le tableau et la gravure sont maintenant connus de tous, sinon que les qualités de dessin et de forme du peintre ont été si bien rendues, que la gloire d'Ingres n'aurait désormais rien à perdre au cas où sa peinture viendrait à disparaître. Peut-être même y gagnerait-elle ; en ce sens que l'on pourrait rêver à l'aise sur les beautés du coloris, ce qui ne peut jamais être qu'utile à ce peintre, et parce qu'alors on ne manquerait pas de s'écrier avec amertume : L'original lui-même devait être bien parfait, puisque la copie est si belle !

L'histoire de l'*Homme à l'œillet* a déjà été

racontée. On a dit, ce qui est parfaitement exact, que cette merveilleuse estampe fut comme improvisée en dix jours, sur un bout de table, au milieu des tracas d'un déménagement. Le résultat tient du prodige. Toutefois, on n'a pas assez fait remarquer qu'avant d'attaquer son cuivre, Gaillard avait fait deux copies peintes d'après son modèle et qu'il le connaissait par cœur. Tant il est vrai qu'il n'est pas de chef-d'œuvre qui s'improvise, et que les vraies improvisations sont celles qui coûtent le plus de méditations et de veilles. Quand Gaillard apporta sa planche aux bureaux de la *Gazette des Beaux-Arts*, où l'on était réuni « se chauffant les pieds, le cœur lui battait très fort ». — J'avoue ne pas bien comprendre le motif de ces violentes palpitations. — Toujours est-il que sa pauvre planche fut mal reçue et ne dut son salut qu'à la haute influence de M. Galichon. Gaillard « empocha » les 500 francs qui lui étaient dus, prix fort honorable pour l'époque, nous dit-on, et cela avec d'autant plus d'allégresse « que sa bourse était à sec depuis plusieurs jours ». Cette pénurie d'argent fut fréquente en effet dans la vie de Gaillard, mais on sait qu'elle avait pour cause une générosité sans mesure.

Sa gravure acceptée fut signalée, sans un mot

d'éloge, dans une petite phrase incidente. M. Burger, l'auteur de l'article, ne semble pas avoir vu par quel modelé lumineux et quelle fermeté de dessin, sans la moindre dureté, Gaillard avait ressuscité l'œuvre de l'énergique Flamand; quelle vie était concentrée dans cette figure, quelle vigueur dans tout l'ensemble; de quelle façon stupéfiante le graveur avait rendu ces lourdes mains, cette bouche aux lèvres minces fendues d'un coup de rasoir, et ces oreilles parcheminées de chauve-souris. Mais après ce froid accueil, quel triomphe! On a dit que le tirage de cette estampe avait dépassé le chiffre de 15,000, et l'on a vu, à Londres, une épreuve d'état atteindre le prix de 1,200 francs.

Dans la gravure de la *Vierge d'Orléans*, il faut admirer le corps de l'Enfant modelé en pleine lumière, sans qu'une tache vienne assombrir ces formes à la fois pleines et élégantes; mais comment dépeindre l'expression d'amour de la Madone, et cette physionomie triste et pensive de l'adorable *Bambino!* Quelle finesse et quelle légèreté dans la gaze qui enveloppe la figure de la sainte Vierge, dans ces petits cheveux si fins qui voltigent autour de la tête de l'enfant, et surtout quelle fermeté et quel relief dans ces deux figures!

IV

Ce que nous connaissons des œuvres de Gaillard nous permet, dès maintenant, de révéler quelque chose de ses procédés. On l'a déjà pressenti à côté des hautes aspirations que soutenait sa foi ardente, il y avait le travail acharné, ininterrompu : travail de l'œil et de la main, travail de l'esprit toujours en quête de recherches et de combinaisons nouvelles. Pour lui, dessiner, peindre, graver ou modeler, c'est écrire sa pensée, et comme cette pensée vive et alerte plane toujours, son œuvre, même la plus laborieuse, n'aura rien de commun avec celle de l'ouvrier qui poursuit péniblement une tâche imposée; partout on sent la vibration des coups d'ailes qui l'emportent vers les hautes régions du beau.

Tous les outils lui sont bons et lui servent tour à tour : le burin, la pointe, le grattoir, le brunissoir, le marteau. Souvent il a recours à l'eau-forte; mais son impatience est telle que, si la morsure est un peu lente, il verse l'acide pur à pleine cuvette, et obtient ainsi cet extraordinaire état de *Dom Guéranger*, qui ressemble à l'épreuve d'un vieux bois ravagé par les vers.

On a représenté Gaillard comme un virtuose dans l'art de manœuvrer le burin, de faire tourner les tailles; c'est un peu à tort, croyons-nous, car il n'a jamais aimé les tours de force, et s'il est habile, c'est certainement à son insu. Il fait peu de cas des prouesses du burin; ce n'est pour lui qu'un esclave dont la dextérité ne peut détourner un instant son maître de l'idée poursuivie. L'idée est la souveraine directrice, et la marche de l'outil sera variée comme elle : tantôt il effleure le cuivre, comme le patineur, du bout de son fer, la glace d'un étang; tantôt il trotte à pas menus et pressés, semant, de ci, de là, les tailles par petits paquets et dessinant les détails les plus minuscules; tantôt il contourne gravement la forme et laboure le cuivre ; tantôt il bondit et lance des éclairs à droite, à gauche ; tantôt il tisse ses hachures en réseaux inextricables ; tantôt il les pousse par lignes parallèles, fermes, serrées, toutes marchant de front, comme un escadron la lance en avant et rangé en bataille. Souvent la gravure se poursuit du premier coup au burin, après de nombreuses études préliminaires, comme pour le *Gattamelata*, l'*Homme à l'œillet*, *Mgr Pie;* le programme est tout tracé dans son esprit, il voit nettement le but et les moyens. Parfois aussi, il aborde sa planche sans études, cherchant ses effets sur le cuivre lui-même, tâtonnant, toujours incapable d'être satisfait par un demi-succès, renversant subitement un effet obtenu, et sacrifiant sans regrets, en quelques secondes, comme il le fit un jour pour le *Saint Georges*, un travail de six mois légèrement alourdi par une morsure intempestive.

On le voyait fréquemment tout d'abord analyser sur sa planche chaque détail du modelé, et pour ainsi dire chaque grain de poussière, chaque pore de la peau; puis, après avoir obtenu ainsi une solide base d'opérations, sûr de ses dessous, débrouiller peu à peu ce chaos, classer chaque forme, la mettre en valeur et à son plan. Ainsi a-t-il fait nommément pour les *Pèlerins d'Emmaüs*, le *Saint Georges*, le *P. Hubin*, la *Sœur Rosalie*. Il appelait cela « le travail de la goutte d'eau ». Il entassait pour ainsi dire les hachures, il faisait entrer dans la préparation le plus de choses possibles, sauf à éliminer peu à peu tout ce qui n'allait pas directement au but; puis il attendait que l'effet se produisît en quelque sorte de lui-même. Il n'avait alors, disait-il, qu'à recueillir les fruits de sa patience. Par ces travaux si ténus, il obtenait la transparence dans les ombres, de charmants effets de clair obscur et ces dessous veloutés et chauds qu'il recherchait. Enfin, c'est au dernier instant qu'il pique dans le métal ces accents fermes et précis, parfois si puissants, qui font circuler dans l'œuvre comme des effluves de vie.

On lui a prêté des yeux d'une acuité extraordinaire, l'invention de mirifiques combinaisons de verres. — Ce qu'il faut dire pour être exact, c'est qu'il avait une bonne vue de myope, mais qu'il n'a jamais tenté aucune combinaison de verres grossissants. Il avait trois ou quatre loupes au plus ; l'une d'elles très large, les autres semblables à celles de tous les graveurs. Quant à sa main, puissamment musclée, elle était devenue sous l'effort de l'esprit un merveilleux instrument ; elle avait une force rare qui lui permettait de creuser le cuivre à toutes profondeurs ; mais elle avait aussi une délicatesse exquise et une précision inouïe.

V

Arrive la guerre, l'heure de nos désastres. Gaillard profondément atteint par les malheurs de son pays abandonne les pinceaux, le burin, sa planche de *Botticelli*, et se fait soldat. Ici, une anecdote, échappée de sa bouche, montrera, comme toujours, en lui l'homme d'initiative et de ressources. C'était au 4 septembre 1870 ; à l'affût des nouvelles et comprenant que de grands événements allaient se passer, il se trouvait mêlé à la foule qui remplissait la place de la Concorde et refluait autour de la Chambre des députés.

Tout à coup, l'on crie : « A l'Hôtel de ville ! » Les Tuileries se trouvent sur le passage, et Gaillard, sachant quels sont parfois les mauvais instincts des masses, s'élance accompagné d'un artiste de ses amis, dont nous avons le vif regret d'ignorer le nom. Ils escaladent la grille du jardin, courent vers le palais, ferment les portes, enlèvent les clefs. Puis, se donnant rapidement une contenance, ils se postent aux deux principales entrées, leur chapeau à la main. A tous ceux qui se présentent, ils répondent énergiquement : « On n'entre pas ! — Il y a des blessés... nous quêtons pour eux ! »

La foule se laisse ébranler, passe et ouvre largement sa bourse. Sur le soir, les ambulances reçurent une forte somme, et les Tuileries étaient, pour ce jour-là du moins, sauvées du pillage. Nos deux amis, heureux d'avoir réussi, s'étaient enfin retirés, l'un d'eux emportant même avec lui les clefs du palais.

Plus tard, ils se trouvèrent à plusieurs engagements sous Paris et firent bravement leur devoir. L'ami fut tué. Gaillard rentra dans la ville pour y subir toutes les horreurs de la fin du siège et des premiers jours de la Commune. Il vit de son atelier les bombes prussiennes pleuvoir dans la rue Madame. Il quitta Paris au mois de mai, et à peine était-il parti que la poudrière du Luxembourg sautait, mettant en pièces la toile à laquelle il tra-

PORTRAIT DE MA TANTE
(Musée du Luxembourg)

vaillait à ce moment, la *Descente de Croix*, dont une maquette très sommaire fut dernièrement exposée à l'Ecole des Beaux-Arts. Cette composition nous a valu nombre de beaux dessins ; entre autres, des genoux, des bras, des mains, une tête et un torse, exposés également.

La tourmente apaisée et le cœur encore saignant, Gaillard se remet à l'œuvre avec vigueur. Il fournit à l'éditeur Plon les fines et charmantes illustrations que l'on connaît ; il donne à la *Gazette* de nombreux dessins, et c'est en 1872 qu'il remporte au Salon son premier succès comme peintre, avec cette étonnante toile : le *Portrait de ma tante*, qui lui valut une deuxième médaille.

C'est en 1872 aussi qu'il cisela pour la *Gazette* (ciseler est le mot) le *Buste du Dante*, qui reste, avec le *Gattamelata*, le modèle de ce que peut le seul burin pour rendre le poli et l'éclat du métal. C'est en 1872, enfin, qu'il livra, après quatre ans de labeurs, sa planche de *Botticelli*, son travail de bénédictin, comme il l'appelait. L'œuvre, le croirait-on, fut tout d'abord assez froidement accueillie ; presque toutes les premières épreuves furent enlevées par l'Angleterre ; mais on y revint rapidement ; le succès fut éclatant, et l'on peut affirmer que cette estampe est l'une des plus parfaites de Gaillard ; toutes les qualités du maître y sont réunies : la grâce et la finesse la plus exquise, la force jointe à la plus magistrale simplicité.

C'est encore vers cette époque qu'il aurait entrepris de nouveau un voyage en Italie, descendant jusqu'à Naples en compagnie de M. de Bammeville ; et c'est de ce séjour dans la péninsule qu'il aurait rapporté, dit-on, le projet de donner, dans les portraits des plus hauts personnages de son temps, comme la personnification des plus grandes figures de la société chrétienne : le Pape,

LE COMTE DE CHAMBORD
Croquis d'après nature.

le Roi, l'Évêque, le Moine, le Soldat. — Quelques mots rapides de ces portraits.

Le type du roi fut le *Comte de Chambord*. C'est lui qui ouvre la série, mais nous devons avouer que son portrait nous paraît un peu inférieur à ceux qui ont suivi, bien qu'il rende mieux qu'aucun autre du même personnage l'âme loyale et chevaleresque de ce prince, vers lequel Gaillard s'était vivement senti entraîné dès la première entrevue, et auquel il consacra dès lors tout son dévouement. On le vit bien en 1873. A ce moment, où l'on crut à une restauration, il s'efforçait de rallier les bonnes volontés, faisait signer des pétitions et les portait à Versailles, pour exciter ainsi le zèle des membres de l'Assemblée. Aussi, la mort de celui qu'il considérait volontiers comme l'idéal du souverain et presque comme un ami, l'émut-elle vivement, et le fit-elle se désintéresser de la politique.

Au retour de l'exposition de Vienne, où l'avait envoyé le gouvernement français et où il avait été comblé d'honneurs, il ne voulut point rentrer en France sans saluer « le Roi » ; il fit présenter une demande d'audience au comte de Chambord, qui s'empressa de dire à la vue de son nom : « Est-ce Gaillard le graveur ? » Sur une réponse affirmative, Gaillard fut introduit, puis invité à dîner et placé à la droite de Mme la comtesse de Chambord.

Le portrait de *Pie IX* suivit à une année d'intervalle. Dans cette figure qui reste vivante et lumineuse malgré le rayonnement de la robe blanche, c'est la bonté qui brille, la franchise, la finesse.

Gaillard disait parfois qu'il y avait du Gaulois dans cette physionomie, et il ajoutait, en riant, qu'à cela il ne pouvait y avoir rien de bien étonnant, attendu que Pie IX était franc-comtois comme lui, étant né à Sinigaglia (Sena Gallica), ancienne colonie gauloise venue de la Franche-Comté.

C'est en s'inspirant du genre décoratif des graveurs de la fin du dix-septième siècle et de ceux du dix-huitième, genre qui n'était point le sien, qu'il entoura les deux figures précédentes de ces grands cadres de pierre beaucoup trop maltraités, selon nous, par la *Gazette des Beaux-Arts*.

En *Dom Guéranger*, il voulut, laissant de côté le religieux doux et charitable de la vie ordinaire, représenter le moine, celui avec lequel il discuta un jour théologie, et qui le renvoya à l'étude du *Catéchisme du Concile de Trente* ; le moine chez lequel l'austérité et la tranquillité du cloître n'ont fait qu'augmenter la flamme de la vie intérieure, l'homme d'action aussi, le lutteur ; et il a fait un chef-d'œuvre incontesté et admiré de tous. Quelle énergie et quelle intensité dans ces yeux « qui vous poursuivent, vous pénètrent, vous obsèdent » ! — Regardez-les bien. Ce sont les yeux du fauve, les yeux du lion !

En *Mgr Pie*, on découvre le philosophe. C'est la bonhomie intelligente et fine. Bien que ce portrait ait des qualités moins éclatantes que d'autres, il est égal aux meilleurs, et dans aucun peut-être on ne trouve une plus chaude coloration.

A ces portraits s'ajouta celui de *Léon XIII*, comme une variante du caractère papal, venant en quelque sorte compléter, par son énergie exceptionnelle et sa majesté, la physionomie de Pie IX. Inutile de décrire ce Léon XIII qui est dans toutes les mémoires. Dès son apparition, il fut chaleureusement accueilli dans le monde artistique et à Rome, où il fut décidé qu'il aurait sa place en tête de l'édition, décrétée par le Souverain-Pontife, des œuvres de saint Thomas d'Aquin. Son auteur fut appelé au Vatican, y passa huit mois pendant lesquels il fut l'hôte du Pape, et exécuta le grand portrait qui parut au Salon, il y a quelques années. Cette toile, comme tant d'autres œuvres de Gaillard auxquelles on est revenu ensuite, ne reçut pas, à ce moment, du public tout entier l'accueil qu'il méritait.

On a dit l'épisode charmant de Gaillard songeant nuit et jour à son œuvre et dormant auprès de son tableau ; on a fait voir le Saint-Père se promenant avec son artiste, s'appuyant familièrement sur son bras et tout à coup lui demandant ce qu'il pense de son prédécesseur et de lui-même.

Je ne redirai point ces choses. Je me contenterai de signaler en passant une modification que Gaillard crut devoir faire subir à sa planche, sur une demande du Saint-Père, mais au détriment de l'œuvre. La blanche touffe de cheveux qui cachait la naissance du cou fut supprimée, et la gravure perdit un peu de son charme. Ce qui n'empêcha point toutefois de nouveaux travaux de venir encore ajouter au merveilleux caractère de cette figure. Si donc on a le choix entre les deux épreuves de cette planche, on pourra bien, malgré toute la poésie du « Léon XIII à la mèche », rester un instant perplexe, et il faudra, croyons-nous, beaucoup de volonté pour ne pas se laisser entraîner à prendre l'une et l'autre.

A ce portrait succéda celui d'un religieux éminent, le *R. P. Hubin*, et le portrait de la *Sœur Rosalie*, qui ne fut exposé qu'en 1885.

J'avoue que le portrait du *P. Hubin*, moins séduisant que certains autres, me paraît en quelque sorte tenir de la divination. Gaillard n'avait jamais vu son modèle, et on n'avait à lui présenter que deux ou trois mauvaises photographies, documents déclarés par d'autres absolument insuffisants. Mais la physionomie l'intéressa; il accepta la commande.

Tout d'abord, il s'attacha à mettre sur sa planche tout ce qu'il put découvrir dans les photographies, puis il classa ces travaux ; et quand, après le labeur d'une longue journée, certaines formes restées indécises parurent lui échapper, au milieu de la nuit il prit de la terre et se mit à modeler son portrait.

Il était coutumier du fait, et c'est ainsi qu'il agissait à peu près pour tous ses portraits ; c'est ainsi, hélas ! qu'il brisait sa santé. Voilà par quels efforts il est parvenu à faire revivre cet œil profond et scrutateur, à retrouver la forme de ce front sur lequel se caractérise si bien l'énergie concentrée du Breton, et cette bouche aux lèvres si fines, et cet ensemble où respire la franchise, où se lit aussi une certaine froideur apparente, mais où domine cette indomptable énergie qui a fait mourir le P. Hubin à la peine.

Que dire du portrait de la *Sœur Rosalie ?* Pour nous, c'est une des œuvres les plus hautes et les plus personnelles de Gaillard. Considérez en effet cette estampe dans la pleine lumière du jour, et, sous cette large cornette semblable à des ailes blanches, étudiez ce pâle visage et ces grands yeux noirs, si chauds, si purs, si doux, et vous serez de notre avis ; car, ainsi qu'on l'a fort bien dit, il y a là « une sorte de clarté aérienne qui noie les lignes comme une fumée d'encens, une insondable expression de détachement terrestre, rendue par les moyens les plus matériels » !

VI

C'est bien à regret que nous nous voyons forcé de passer sous silence une série innombrable d'eaux-fortes pures et de portraits de moindre importance. Parmi ces derniers, nous rencontrons la physionomie sympathique du *Prince Bibesco*, la figure si fine du *Comte de Melun*, la belle tête de *Mistral*, semblable à un masque d'Apollon. On y voit aussi un portrait, fort ressemblant, dit-on, de *Mgr de Mérode*, et cette ébauche si vivante et si vraie du portrait de *Louis Veuillot*, l'ami de Gaillard, un autre maître dans son genre ; tous deux esprits puissants, entre lesquels il serait possible de découvrir plus d'une ressemblance.

PORTRAIT DE M. S. G.
(Musée du Luxembourg)

Gaillard était très physionomiste ; en douter semble même impossible pour qui a vu ses portraits variés comme la nature même, et dans lesquels il avait tantôt admirablement synthétisé l'ensemble des facultés d'un personnage, tantôt, au contraire, énergiquement mis en relief la note dominante d'un caractère ! Cependant un publiciste fort en vue semble avoir fait bon marché, en essayant de la tourner en ridicule, de cette faculté que Gaillard possédait incontestablement, qu'il aimait à exercer, mais à l'infaillibilité de laquelle il était d'ailleurs bien loin de croire lui-même. Voici un fait, entre mille autres que pourraient signaler ses amis. Arrêté un jour dans un village reculé de la haute Auvergne, il attendait patiemment sur la route une voiture qui allait arriver, et il profitait de cette occasion pour examiner les joyeuses bandes d'enfants qui l'escortaient ; car, grâce à Dieu, les enfants vont encore par légions dans ce bon et pittoresque pays. Tous ces petits personnages, fort curieux de leur naturel et peu timides, comme chacun sait, avaient bravement fait face à l'étranger, trop heureux de pouvoir contempler, bien à leur aise, un monsieur tout droit venu de Paris, « la grand' ville ». Gaillard s'amusait à examiner ces minois frais et joufflus, portant à la ronde un diagnostic sur les aptitudes et le caractère de chacun : celui-là apprendra bien ses leçons, cet autre sera un bon cultivateur ; mais celui-ci a une organisation de musicien. Et tout le monde à ces mots d'éclater de rire : impossible, en effet, de tomber plus juste, attendu qu'un amour immodéré de la musique avait déjà rendu cet enfant l'effroi des voisins et lui avait constitué dans le village une vraie notoriété.

En même temps que les portraits dont nous venons de parler fixaient l'attention du public, Gaillard faisait paraître le *Crépuscule*, d'après Michel-Ange. Ce maître a-t-il jamais été mieux compris! La force et la grandeur du modèle sont à ce point passées dans la traduction que, si elle cessait d'être fidèle, ce serait uniquement par excès de vie. Ce grand corps est d'un modelé tellement vivant, que le sang paraît couler sous cette chair de marbre. Voyez à côté le *Moïse aux cornes*, par J. Jacquemart, et jugez !

En 1878, nouvelle gravure ; contraste absolu. La *Tête de cire* paraît avec toute sa grâce, son charme, sa douce mélancolie, sa forme précise et pourtant en quelque sorte impondérable.

Entre temps, le *Saint Sébastien* du musée du Luxembourg avait été gravé pour le journal *l'Art* (N° de septembre 1876) ; et il serait difficile, je crois, de pousser plus loin la science du nu et l'analyse des formes, ni de mettre plus de résignation dans la tête d'un martyr.

VII

Nous avons déjà fait défiler sous nos yeux la plus grande partie des gravures ; arrêtons-nous un instant à deux pièces capitales : le *Saint Georges* et les *Pèlerins d'Emmaüs*.

On sait que le *Saint Georges* de Raphaël est un des joyaux du Salon carré du Louvre, une vraie pierre précieuse! Impossible de rêver rien de plus frais, de plus clair, de plus transparent. Il faut voir cette toile le matin, par un beau soleil d'été, car plus on l'inonde de lumière, plus elle devient lumineuse elle-même. Rendre avec du noir cette douce et si pénétrante lumière qui appartient en propre à Raphaël et que les graveurs semblaient n'avoir pas remarquée, qu'ils n'avaient du moins pas rendue, tel était le programme, à la difficulté duquel se joignait l'obligation de rendre l'ampleur du style, la beauté des formes et de la composition. — On peut voir comment Gaillard l'a réalisé, avec quelle légèreté il a su modeler les plans éloignés, quels accents il a donné aux plus rapprochés, avec quelle variété il a établi l'échelle de ses valeurs.

La cuirasse éclatante du cavalier et la noirceur du dragon s'enlèvent vivement sur des tons du gris le plus délicat. Un air limpide et pur circule dans tout ce paysage ; les objets en sont comme baignés et pénétrés. Mais ce qu'il faut surtout remarquer, c'est l'admirable simplicité de l'ensemble et cette merveilleuse unité d'effet et d'impression qui frappe dans l'original, et qui établit sa supériorité sur tout ce qui l'avoisine au Louvre.

Gaillard choisit, après mûre réflexion, les *Pèlerins d'Emmaüs*. Sentant son siècle de plus en plus attiré vers le matérialisme ; croyant s'entendre traiter de « mystique », de « formiste», il voulut attaquer ses adversaires sur le terrain du naturalisme bien entendu, c'est-à-dire vivifié par l'élévation de la pensée ; il voulut les déloger de leur propre camp, forcer l'attention et atteindre du même coup ce double but : faire admirer une œuvre d'art incomparable qui est en même temps un sujet religieux.

Pour les Italiens, Notre-Seigneur Jésus-Christ est toujours le plus beau des enfants des hommes, par la forme comme dans l'expression ; pour les Flamands, il n'en est pas toujours de même, et Rembrandt a franchement établi une antithèse entre l'humain et le divin. Il n'a rien voilé de l'humanité qui apparaît brutalement, bien accusée qu'elle est par la banalité et la grossièreté de traits, auxquelles s'ajoutent actuellement les avaries mêmes et les taches du tableau; mais il a fait aussi resplendir la divinité, grâce à la belle lumière qu'il a su concentrer sur la tête de Notre-Seigneur, et à l'expression vraiment surhumaine qu'il a su lui donner. Il y a dans cette peinture du maître flamand une admirable beauté de physionomie, et tout y est merveilleusement combiné pour mettre en pleine valeur la personne de Jésus-Christ. Le disciple, vu de dos, lui sert de repoussoir au lieu de l'écraser, comme cela serait infailliblement arrivé si le spectateur avait aperçu cette figure en pleine lumière et en pleine extase; mais cette extase toutefois se devine au premier coup d'œil. L'autre disciple commence à voir et le ravissement va se produire, tandis que le jeune serviteur joufflu, n'apercevant pas la figure du Christ et ne comprenant pas ce qui se passe, continue son service d'un air distrait.

Gaillard, avec son talent robuste pénétré de vrai réalisme et d'idéal, attaqua l'œuvre corps à corps; il s'efforça (ce qui n'avait jamais été tenté) de donner la traduction absolument adéquate d'une œuvre d'art... Il veut réunir à la fois toutes les qualités. Son estampe sera plus exacte que la photographie, plus vivante que les gravures au burin du temps jadis; elle sera aussi pittoresque et aussi chaude que l'eau-forte pure. Il rendra tous les détails, et jusqu'au modelé de chaque touche de pinceau! Dangereuse tentative, désir irréalisable, a-t-on répété. Problème complexe, du moins, et bien passionnant, que Gaillard a tenté de résoudre dans la pratique. L'a-t-il résolu? Beaucoup tiennent pour l'affirmative ; ce qui est certain, c'est que tous rendent hommage à son courage et se voient contraints d'avouer qu'il laisse une œuvre merveilleuse, unique.

Ici, comme dans toutes ses œuvres, Gaillard cherche la vérité pour elle-même, faisant disparaître sa personnalité le plus possible ; et c'est la vérité passionnément poursuivie qui lui sert de point d'appui solide pour s'élancer vers les hautes régions de l'idéal.

Dans ce tableau, Gaillard admirait la franchise des mouvements, l'exacte mise en scène du texte de l'Évangile, le jeu brillant de la couleur, de la lumière, et surtout cette piquante façon de rendre le côté humain comme en pleine antithèse avec le côté divin. Mais que de labeurs! Il s'efforce de faire circuler partout la pénétrante lumière, qui, dans cette toile, filtre, s'insinue, resplendit, fait vibrer chaque objet, et se fond, en définitive, en une splendide et vivante harmonie.

Cette œuvre lui coûta plus de quatre années de travail, et c'est alors seulement que la tête du

Christ surgit toute lumineuse sous son burin, en une seule séance de huit heures!

A côté de toutes ses gravures, de sa magnifique galerie de portraits, Gaillard a laissé des monceaux de dessins, de maquettes, de calques, d'aquarelles, d'études de toutes sortes. On nous permettra d'énumérer simplement, et un peu au hasard de la plume, quelques-unes de ces œuvres, dessins et aquarelles, dont nous n'avons pas encore parlé, et qui ont paru frapper plus particulièrement les visiteurs, à son exposition de l'École des Beaux-Arts. Il y avait là de vrais dessins de maître, pour lesquels j'attends sans crainte le redoutable voisinage des chefs-d'œuvre du Louvre.

D'abord, parmi les copies, on peut citer en première ligne une délicieuse *Vierge*, d'après un tableau fort peu connu de Léonard de Vinci. Ce n'est qu'un souffle, tant c'est délicat, mais il y a là quelque chose de très original, de très piquant, une adorable rêverie et un sentiment absolument exquis. Il faut citer au même rang le *Portrait du Pérugin* par lui-même et une belle tête de Christ du même peintre; deux croquis de personnages du *Jugement dernier* de Luca Signorelli; la charmante *Vierge au Livre* de Raphaël; les *portraits* de *Jean Bellin* et de *Murillo;* la *Vénus* du *Titien* aux formes si enveloppées et si chaudes; un séduisant et très délicat *Portrait de Marie de Médicis* d'après Van Dyck, etc., etc.

Citons encore le grand cadre d'études exécutées en vue de la gravure des *Pèlerins d'Emmaüs*; sans parler même de ces deux énormes et magnifiques séries appartenant à l'État : les peintures de Pompéi, les études pour la Cène.

ÉTUDE POUR LA MENDIANTE

Parmi les dessins originaux, le cadre d'études pour le *Saint Sébastien* et un autre cadre d'études très diverses (tous les deux acquis par l'État) méritent une mention très spéciale.

Il faut signaler aussi les trois portraits de *la Tante*, de *M. S. Gérard* et de *Mgr de Ségur*, donnés tous les trois par l'auteur au musée du Luxembourg, celui de *Mgr de Ségur*, récemment publié dans le *Bulletin de la Société de Saint-Jean*, ceux de *la Nièce*, du *Prince Bibesco*, du *P. Didon*, de *L. Veuillot*, de charmants *croquis d'enfants*, une esquisse pour sa *Mendiante*, et ces études très personnelles faites en Italie et intitulées dans le catalogue : le *Sacristain de Ponte Capriasca*, la tête de *Maria*, le *Pâtre romain*; enfin, toutes ces autres études si imprégnées de vie et si belles, qui ont servi à préparer ses différents portraits.

Dans les portraits peints, comme dans les portraits gravés, on retrouve les grandes qualités du dessin, la vérité, l'étude approfondie du caractère. Ici, comme partout, Gaillard fait parler l'âme.

Les portraits de jeunes filles, toujours fermement dessinés, sont d'une touche légère et délicate. Qu'on jette les yeux sur cette blonde enfant dont la tête se détache sur un fond gris bleu, ou bien sur ce portrait où *Mlle R. D.* est représentée avec un air mystique et rêveur et avec de si jolies petites mains, un peu mignonnes peut-être. Qu'on se rappelle aussi la charmante *Fiorentina*, exposée jadis à un de nos salons et maintenant à New-York, en compagnie du *Christ au tombeau*, de l'*Homme à la casquette*, et d'un précieux croquis, peint d'après nature, de la tête de *Léon XIII*.

Les portraits de femmes sont largement modelés. *Mme Gaillard*, la mère de notre artiste, et la *Femme à la guimpe* sont peintes avec finesse et franchise. Inutile de décrire *la Tante :* cette figure claire et jaunâtre, ce regard ferme, honnête, loyal, sont restés fixés dans la mémoire de tous ceux qui ont vu cette toile, dont l'État vient de faire l'acquisition.

Les portraits d'hommes sont d'un modelé plus ressenti et d'une très grande diversité de facture.

Les uns sont peints largement, comme celui de M. de Bammeville, celui de l'*Homme à la guitare*, enlevé avec fougue à la manière de Frantz Hals; celui de l'abbé Debaize, avec sa haute et noble physionomie, l'ardeur de dévouement et le feu intime qui scintillent dans ses yeux et le désignent clairement comme un futur martyr.

D'autres sont d'une minutie de détails extrême, mais qui n'étouffe jamais l'émotion et ne détruit point l'effet d'ensemble. Tel est ce vieux Normand, à l'œil rusé, que l'on a dénommé l'*Homme à la casquette*. Tel est encore le magnifique portrait de *Mgr de Ségur* que l'État à eu la bonne idée de ne pas laisser échapper. Le vénérable aveugle a bien là cet air de « voyant » qu'on lui connaissait. Telle est aussi cette extraordinaire figure de *M. Rochaïd Dahdah*, d'une si belle unité, où, malgré l'infinité des détails, brille si bien l'activité, l'intelligence, la décision. On a vraiment peine à croire que ce chef-d'œuvre ait passé à peu près inaperçu au Salon où il fut envoyé.

Enfin, dans un genre tout différent, nous avons encore le grand portrait de *Léon XIII.* Il est composé dans la manière pompeuse d'Hippolyte Rigaud. L'ensemble est calme et expressif. Le pape, entouré de l'appareil de la grandeur, est debout, tout en blanc, l'attitude imposante, le regard ferme et pénétrant. Le corps est grêle; mais on sent l'acier trempé sous cette longue robe flottante, et la grande âme du pontife se laisse aisément deviner derrière le masque du visage.

Notre école de portraits compte vraiment peu d'œuvres de la valeur de celle-là.

Gaillard n'a eu le temps de réaliser que bien peu des compositions qu'il avait rêvées ou déjà esquissées.

Le *Saint Sébastien* du musée du Luxembourg et le *Christ au tombeau* montrent la science profonde du maître. Ce Christ n'est pas le cadavre inerte et à moitié décomposé qu'on nous représente d'ordinaire; ce corps pénétré par la divinité a conservé toute sa fraîcheur, il va être glorifié et l'on sent que la vie est sur le point d'en reprendre possession. Le *Saint Sébastien* est une splendide étude de nu. Ce grand jeune homme brun, au teint un peu uniforme, au modelé minutieusement et solidement indiqué, est beau par la forte personnalité de son type, par son expression de souffrance et surtout par le sentiment d'aspiration céleste et de résignation qui resplendit sur son visage. C'est d'une beauté toute primitive.

A citer aussi, une *Jeanne d'Arc* restée inachevée : blonde jeune fille agenouillée, énergique et douce, d'un type absolument lorrain.

A citer encore, la *Vierge* dite *au lis;* œuvre exquise de fraîcheur, de pureté, de sentiment. L'Enfant Jésus est là, jouant sur les genoux de sa mère et saisissant, par un mouvement des plus gracieux, la main qu'elle abandonne avec amour à ses charmantes caresses.

Nous n'avons garde d'oublier la merveilleuse copie de la *Vierge de Botticelli*, peinte avec les vieux procédés.

Mais est-il possible de signaler tout ce qui mériterait de l'être ? — Contentons-nous donc des œuvres les plus remarquables.

Dans les limites bien étroites du cadre que nous avons dû nous imposer, nous ne pouvons signaler que quelques-uns des tableaux les plus importants, les plus caractéristiques; en face de cette nécessité, on voudra bien nous pardonner d'avoir laissé les peintures un peu au second plan : c'est à dessein que nous avons agi ainsi. Nous avons voulu étudier surtout l'œuvre gravé, parce qu'il est déjà universellement répandu et qu'il a dès lors une plus grande portée; qu'en outre, il est assuré d'une durée plus longue : que de chefs-d'œuvre, en effet, ne sont connus que par les gravures !

De plus, son œuvre peint n'a jamais été vu dans son ensemble : beaucoup de toiles, nous en avons la conviction, n'ont jamais été mises sous les yeux du public, et quelques-unes de celles qui étaient déjà connues n'ont pu être envoyées à son exposition dernière; de là, difficulté et danger à porter un jugement immédiat. Enfin, pour dire toute notre pensée, si Gaillard comme peintre, et surtout comme peintre de portraits, a produit des œuvres fortes, des œuvres charmantes, et doit avoir une place à côté des maîtres de ce siècle, néanmoins, il est avant tout un graveur incomparable. A ce titre, l'historien ne pourra se dispenser de lui donner une place absolument à part, et même, ainsi que la plupart le pensent, la première dans ce siècle.

VIII

Nous l'avons dit au début de cette étude, l'artiste, chez Ferdinand Gaillard, est inséparable du chrétien; à la lettre et dans une très large mesure, c'est le chrétien qui a fait l'artiste.

Or Gaillard fut un grand, un admirable chrétien. Non content d'observer avec une fidélité absolue et sans ombre de respect humain tous les préceptes de Dieu et de l'Eglise, il voulut, autant que possible, pratiquer dans le monde les conseils évangéliques, et c'est dans cette pensée qu'il entra dans le Tiers-Ordre de Saint-François d'Assise. Le 9 février 1877 il en reçut l'habit des mains de Mgr de Ségur. C'étaient deux âmes d'artiste bien faites pour s'entendre. F. Gaillard parlait avec vénération du saint évêque, lequel disait un jour de son ami : « Cet homme-là vit comme un saint religieux. » Léon XIII ne disait-il pas également à notre artiste : « Vous mourrez dans un couvent. » Gaillard racontait ce mot en souriant, et aimait à répéter que la robe de bure du franciscain serait son dernier vêtement.

MONSEIGNEUR DE SÉGUR
(Musée du Luxembourg)

Sa droiture et son esprit d'initiative le firent nommer membre du *Discrétoire de la Fraternité*. Il fut président de la Société des graveurs au burin de France, membre du Comité des artistes français et délégué à leur administration ; mais

Gaillard préférait à toutes ces distinctions son humble nom de frère *François-Marie de la Crèche*.

Tel était l'homme; ardent dans sa foi, austère dans sa vie, indépendant dans ses actes, plein de dédain pour la fortune. Ce n'est pas lui qui aurait consenti pour de l'or à faire le portrait de quelque diva d'opérette ! En vain lui offrit-on de graver celui de M. Thiers. Cette planche seule lui aurait plus rapporté que tous les chefs-d'œuvre cédés à la *Gazette* à 500 francs la pièce. Mais le caractère du petit grand homme ne lui plaisait guère, pas plus que sa physionomie et sa tête d'oiseau ; il refusa.

N'allez point croire toutefois que cet homme fût rêveur, morose, mélancolique, « un saint triste », en un mot. Gaillard avait l'esprit délié, prompt à la riposte, et une gaieté très communicative ; partout il apportait l'entrain. Ses amis n'oublieront jamais les dîners offerts dans l'atelier : quatre planches servant de table, des journaux en guise de nappe, l'argenterie fournie par l'étameur du quartier, et le festin préparé par un marchand de vin du voisinage. Quels rires, quelle joie !

Après les grands succès remportés à l'étranger (des médailles d'or à toutes les expositions), le gouvernement français se vit forcé de le créer officier de la Légion d'honneur ; et je me rappelle que, le jour où la nouvelle lui fut annoncée, il se réjouissait bien grandement de pouvoir le lendemain servir la messe à Saint-Sulpice avec une rosette toute brillante. « Vous allez être bientôt de l'Institut, lui disait-on. — Cela m'est égal, pourvu que je puisse servir la messe. » On sait, en effet, qu'il y assistait tous les jours et que c'était un bonheur pour lui de la servir.

Quant à sa charité, elle était tellement grande qu'il ne sut jamais rien garder pour lui, et qu'il en vint jusqu'à mettre plusieurs fois ses médailles d'or au Mont-de-Piété.

Mais il était si ingénieux à dissimuler ses largesses qu'il sera bien difficile d'en connaître l'étendue, bien que son atelier fût sans cesse encombré de malheureux !

Ceux qui n'ont connu Gaillard que superficiellement ont cru « que la gloire le mordait au cœur » ; c'est là une erreur, car s'il a songé au succès, ce n'était pas pour lui, mais uniquement pour la cause catholique dont il était un apôtre si zélé.

Lui, qui exposait à chaque Salon, n'a pas eu la médaille d'honneur, « bien qu'il l'eût méritée plusieurs fois », dit le *Rappel*. « C'est que, ajoute le même journal, ses confrères ne voulaient pas se donner un moine comme directeur. » Le journaliste me paraît oublier que les artistes s'étaient déjà donné ce « moine » comme administrateur au Comité des artistes français, et comme président à la Société des graveurs au burin. Voici quelle manœuvre le fit écarter la dernière fois ; elle ne fait que mieux affirmer la supériorité de notre grand artiste. Gaillard, disait-on, est sûr de sa médaille ; il la mérite depuis longtemps pour l'ensemble de son œuvre, et il l'aura quand il voudra avec la *Joconde* ou avec la *Cène*. Eh bien ! en attendant, donnons-la à un autre moins assuré que lui de l'obtenir.

Cette médaille ne pouvait évidemment rien ajouter à la gloire du maître, elle serait venue nécessairement à lui, ainsi qu'une place à l'Institut.

IX

Nous voici à l'année 1886. Gaillard, dans toute la puissance de son talent, vient de terminer ce *Saint François d'Assise* si touchant par sa sublime expression de détachement terrestre et d'amoureuse extase, ses *Pèlerins d'Emmaüs*, le *Père Hubin* ; il achève son *Saint Georges* et la *Sœur Rosalie*, il prépare un portrait de *Corneille*, il est appelé à Aix-la-Chapelle pour graver le portrait d'un savant russe, et au milieu de tout cela, il songe encore à faire revivre la physionomie de saint Vincent de Paul.

C'est à ce moment que nous le rencontrons à la Réunion artistique de la rue de Sèvres[1]. Gaillard en avait appris la fondation avec bonheur, et il était heureux de voir les catholiques amis des arts sortir du terrain spéculatif, pour entrer vigoureusement sur le terrain pratique. Elle et lui semblaient d'ailleurs avoir la même devise : l'art serviteur de la foi, la foi inspiratrice de l'art. Malgré ses fatigues, la maladie qui le minait, il avait voulu prendre part à quelques-unes des séances, et même, la dernière fois qu'il parla en public, ce fut là. Sa parole était déjà plus voilée, et il n'eut pas de ces vives images qui charmaient d'ordinaire ses auditeurs. Tous les assistants s'en souviennent bien, ce fut comme un *sursum corda !* Il indiquait la source de son inspiration, et excitait avant tout les jeunes artistes à rester dans la voie des pratiques religieuses.

Quelques jours avant sa mort, le 1er janvier 1887, il envoyait encore au directeur de la réunion

1. La Réunion artistique de la rue de Sèvres, section spéciale de la *Société de Saint-Jean*, est composée de jeunes artistes, peintres, sculpteurs, graveurs, architectes, unis par les liens d'une amitié chrétienne et par la communauté des mêmes études et des mêmes travaux.

l'expression de sa vive sympathie pour l'œuvre et tous ses meilleurs vœux.

Il ne se doutait pas, en effet, alors que le terme fût si proche ; il se disait un peu mieux et il partait, pour refaire ses forces, vers cette campagne de Marolles en Hurepoix, où il aimait à aller se reposer du bruit de Paris et travailler en paix.

Les médailles d'or, les décorations, les commandes, les honneurs, la célébrité, sont définitivement allés à lui, sans qu'il ait jamais fait une bassesse, un pas, pour y parvenir. Et le voilà arrivé à ce rêve entrevu : graver la *Joconde* et la *Cène*. Il veut clore sa carrière par ces œuvres maîtresses, et il espère qu'il en reviendra quelque gloire à son pays. Léonard était pour lui le maître de prédilection. La *Joconde* l'attirait depuis longtemps, et l'on pensait que ce sphinx encore intraduit, inexpliqué par la gravure, avait enfin trouvé son Œdipe. Gaillard l'avait peinte depuis longtemps, cette *Mona Lisa* ; il avait étudié son sourire, ses mains, les plus belles qui aient été peintes ; il en avait analysé tout le charme ; ce chef-d'œuvre avait revêtu dans son esprit des formes bien définies ; l'œuvre était au point, et on le voyait bien à la véhémence sans pareille avec laquelle il attaquait son cuivre au burin pur, sans une hésitation.

Pour reconstituer la *Cène*, il avait déjà parcouru une partie de l'Europe, visité tous les musées renfermant quelque dessin ou quelque peinture de Léonard, prenant partout des notes et des croquis ; il avait revu Milan et Munich, il était allé à Londres et à Weimar. De ces derniers voyages, d'où il revenait toujours exténué, il rapportait une ample moisson de documents. Malgré ses fatigues, il travaillait avec un acharnement difficile à décrire; au coin d'un croquis, une note au crayon, presque indéchiffrable, nous fait savoir que ce jour-là il travailla plus de huit heures de suite, en haut d'une échelle.

Dans tous ces documents, déjà classés par lui avec soin, il n'y aurait eu qu'à faire un choix définitif pour suppléer aux lacunes de l'original ; et partout où ces documents même seraient devenus insuffisants, il aurait appelé la nature à son aide, la faisant entrer le plus possible dans le sentiment de la grande composition de Léonard.

Jusqu'à quel point aurait-il réussi dans cette entreprise redoutable, dans cette œuvre de patiente restitution ? — Nul ne le peut dire ; ce qui est certain, c'est qu'il ne s'en dissimulait pas les difficultés; ce qui est certain aussi, c'est que, sur cette planche colossale, qui devait avoir 75 cent. de hauteur sur $1^{m},50$ de longueur, il aurait déployé toutes les ressources de sa science consommée, toutes les énergies de sa volonté de fer et de sa patience de bénédictin ; il y aurait eu des choses excellentes, de merveilleux morceaux, et cette œuvre fût restée probablement comme un monument unique dans l'histoire de la gravure. Tout était prêt ; il se voyait à la porte de la Terre promise ; Dieu ne lui a pas permis d'y pénétrer. Il jugea sans doute que Gaillard avait assez vécu pour mériter le ciel.

Rien pourtant ne semblait pouvoir arrêter notre artiste ; son énergie triomphait de tout. Mais la maladie marchait rapidement, sans qu'on pût se douter de ses effroyables ravages, et bien que la forte constitution de Gaillard parût capable de résister à toutes les atteintes. Pendant qu'il était au travail, l'âme vivifiait tellement ce pauvre corps malade, qu'il semblait déborder de vie.

Mais, cette excitation passée, après quelque longue séance sans répit, il s'affaissait subitement ; la matière semblait voiler le chaud rayonnement de l'âme ! Ce n'était toutefois qu'un instant !

Jamais on ne l'entendit se plaindre ; seulement, lui, d'humeur si égale, la gaieté et l'entrain personnifiés, il s'accusait alors de n'être pas suffisamment aimable avec ses amis !

Cependant, au mois de décembre 1886, il y avait eu un brusque changement. Son estomac ne supportait plus aucun aliment, la maigreur et la faiblesse augmentèrent rapidement ; mais il travaillait toujours, et, sentant ses forces diminuer, redoublait d'énergie. A cette heure-là, par une sorte de pressentiment, il voulut écrire ses dernières volontés, léguant à l'Etat toutes ses esquisses pour la *Cène* et pour la *Joconde.* Il demandait pardon à sa vieille mère de n'avoir peut-être pas assez songé à lui assurer l'aisance pour ses derniers jours. Vrais scrupules d'un bon fils ! car on peut être sans inquiétude, les œuvres de Gaillard donneront largement à sa mère cette modeste aisance qu'il désirait pour elle et pour les siens.

Il voulut ensuite, je l'ai déjà dit, revenir à Marolles, pour trouver auprès de son bon curé, M. l'abbé de Barruel, l'air pur des champs, qui lui avait rendu plusieurs fois ses forces abattues.

Cette fois, tout fut inutile. Il rentrait à Paris vers les premiers jours de janvier; puis, sentant ses forces s'épuiser définitivement, il se fit transporter, le 15 du même mois, à l'hôpital Saint-Jacques, impasse des Volontaires, 227, rue de Vaugirard.

Il ne tarda pas à toucher à l'agonie, et, sans avoir perdu connaissance un seul instant, doucement, il rendit son âme à Dieu, le 19 janvier, vers dix heures du matin, entre les bras d'un Père

Franciscain. A ce moment même, son vieux serviteur, qui en avait reçu l'ordre la veille, allait auprès des amis leur demander de commencer le lendemain une neuvaine, pour obtenir sa guérison, si telle était la volonté de Dieu !

Le Saint-Père, averti de cette mort, se rappela « son bon Gaillard », et par une dépêche, signée du cardinal Jacobini, assura la famille de sa sympathie et promit ses prières.

Au jour des obsèques, on put voir dans le char des pauvres la dépouille mortelle de celui qui fut une gloire de la France. Sur ce char, à côté des couronnes de la famille et des amis, à côté de celle de l'Association des Artistes français, on distinguait celle de la Réunion artistique de la rue de Sèvres. La foule d'élite, qui s'était pressée dans la grande nef de Saint-Sulpice et débordait dans les bas-côtés, suivait à longues files, émue et silencieuse.

Mgr Vico, représentant la Nonciature apostolique, les notabilités du monde catholique, ses amis, le monde artistique où il n'avait que des sympathies, s'unirent pour rendre hommage au chrétien, à l'artiste, qui avait fait resplendir le bien dans sa vie et le beau dans son œuvre.

Devant sa tombe, quatre discours furent prononcés, avec un véritable tact, une émotion profonde et une grande élévation de pensées.

MM. Bouguereau, membre de l'Institut; Delaborde, secrétaire perpétuel de l'Académie des Beaux-Arts, et Chapu, glorifièrent à la fois le chrétien et l'artiste. M. Kæmpfen, directeur des Beaux-Arts, un israélite, déclara que les convictions de Gaillard sont de celles qui imposent le respect à ceux mêmes qui se trouvent le plus éloignés de ses croyances !

Nous sommes heureux, avant de finir, de transcrire les paroles si simples et si émues prononcées sur la tombe de Gaillard par son vieil ami Chapu, comme lui élève des « Frères Ignorantins », de l'école gratuite de dessin, de David d'Angers et de Léon Cogniet, comme lui grand prix de Rome, comme lui amoureux de forme et d'idéal.

Mon cher ami,

C'est avec une profonde émotion que je viens te dire le dernier adieu.

Je viens au nom de ceux qui t'aimaient, tes parents, tes amis, tes camarades de l'atelier Cogniet et de l'Académie de Rome, que le coup si brusque qui les atteint a tous consternés.

Je ne ferai pas l'éloge de tes travaux, ils sont connus de toute l'Europe. Les qualités qui distinguaient ton talent méritent une appréciation raisonnée, et, dans le trouble de l'heure présente, je ne veux songer qu'à l'ami perdu.

Tu avais en toi les qualités natives qui font les vrais artistes : le culte élevé de l'art, la volonté sans défaillances et cette simplicité du croyant qui fait l'âme clairvoyante.

Je t'ai suivi depuis le jour où, quittant les bons Frères Ignorantins du Gros-Caillou, tu passas par l'École de dessin, l'atelier Cogniet, pour te rendre à Rome, où t'appelait ton titre de pensionnaire de l'Académie de France.

Là, chacune de tes années était marquée par un voyage d'étude. Tantôt tu revenais de Naples, épris de l'antiquité, tantôt de Venise, plein d'enthousiasme pour les Vénitiens, de Florence, pour les primitifs Toscans. Ceux-là t'ont charmé longtemps ; ils t'ont rappelé souvent.

Tu as su puiser dans ces contacts multiples, dans cette succession d'études, cette puissance d'assimilation qui a fait le charme de ton talent, et que l'on se plaisait à louer comme l'une de tes qualités originales. Tu n'étais pas un homme de transaction. En face d'un maître, en présence de la nature, tu te plaisais à fouiller, à pénétrer la forme ou le procédé, et c'est dans cette recherche patiente, dans cette étude passionnée, que tu as conquis la haute expérience qui seule permet à l'homme de laisser après lui des œuvres solides ; qui seule dans les arts constitue la personnalité.

De quelle nouvelle et juvénile ardeur tu fus pris devant ces deux chefs-d'œuvre que la France attendait de ta main savante, la *Joconde* et la *Cène* de *Léonard!*

A t'entendre, ce que tu avais produit jusqu'à ce jour ne valait plus la peine d'être compté! Tu allais te surpasser toi-même ! Tu demandais à vivre, afin de donner ta mesure !...

Pauvre ami ! nous pouvons juger ton chef-d'œuvre entrevu par ceux qui nous restent de toi !

Tu n'as eu qu'une seule ambition, celle de mieux faire, et c'est à cette soif des grandes âmes que tu t'es sacrifié !

Dédaignant le bien-être pour toi-même, tu n'as cessé de faire un noble usage de ce que tu avais acquis par tes ouvrages !

Simple et bon, ainsi t'ai-je connu aux jours lointains de nos débuts, ainsi es-tu resté jusqu'à ta dernière heure !

Ce n'est donc pas sans raison que, par une attention touchante, on t'a revêtu pour ton dernier sommeil de la robe de bure des Franciscains. Il est bien vrai que tu es demeuré durant toute ta vie un vrai disciple de saint François ! Ton âme est allée rejoindre le bienheureux modèle qu'elle s'était choisi.

Adieu ! mon cher Gaillard, adieu !

Puisse le témoignage unanime de nos regrets apporter un peu de consolation à ta vieille mère accablée, à ta famille privée de son soutien !

A plusieurs reprises, l'émotion interrompit cet adieu, et il serait bien difficile de dépeindre l'aspect de l'assistance, car de tous côtés les larmes coulaient ! Quant à moi, je veux répéter, en terminant cette modeste étude, les derniers mots du discours de Bouguereau : « Dors en paix, artiste émérite ! Tes contemporains se souviendront de toi, et la postérité conservera ton nom ! »

FIN

IMPRIMERIE D. DUMOULIN ET Cie
Rue des Grands-Augustins, 5, à Paris.

88

www.ingramcontent.com/pod-product-compliance
Ingram Content Group UK Ltd.
Pitfield, Milton Keynes, MK11 3LW, UK
UKHW020357180726
13839UKWH00003B/1163

9 782329 469355